Paramahansa Yogananda
(1893 – 1952)

Wetenschappelijke genezingsaffirmaties

De theorie en praktische toepassing
van concentratie

Paramahansa Yogananda

De wetenschappelijke toepassing van concentratie en
affirmaties om disharmonie in lichaam, geest en ziel
te genezen door middel van verstand, wil, gevoel en gebed

Self-Realization Fellowship
FOUNDED 1920
Paramahansa Yogananda

De oorspronkelijke titel in het Engels uitgegeven door
Self-Realization Fellowship, Los Angeles (Californië):
Scientific Healing Affirmations

ISBN-13: 978-0-87612-144-3
ISBN-10: 0-87612-144-x

Vertaald in het Nederlands door Self-Realization Fellowship
Copyright © 2016 Self-Realization Fellowship

Geautoriseerd door de *International Publications Council* van
Self-Realization Fellowship
3880 San Rafael Avenue, Los Angeles, CA 90065-3219

De naam en het embleem van Self-Realization Fellowship (hierboven
afgedrukt) vindt u op alle SRF-boeken, opnames en andere uitgaven.
Hierdoor kunt u er zeker van zijn dat het werk afkomstig is van de
organisatie die Paramahansa Yogananda heeft opgericht en die zijn leer
nauwgezet doorgeeft.

Eerste uitgave in het Nederlands door Self-Realization Fellowship, 2016
First edition in Dutch from *Self-Realization Fellowship*, 2016

Deze uitgave 2016
This printing 2016

ISBN-13: 978-0-87612-634-9
ISBN-10: 0-87612-634-4

1318-J3313

Opgedragen aan mijn guru
Jnanavatar Swami Sri Yukteswar,
met liefde, eerbied en devotie

ॐ

OVER DIT BOEK

Tientallen jaar voordat het begrip 'genezing van het lichaam door de geest' algemeen was doorgedrongen, publiceerde Paramahansa Yogananda, nu ruim zeventig jaar geleden, zijn boek *Scientific Healing Affirmations*. Dit baanbrekende werk heeft sindsdien honderdduizenden lezers de basisvaardigheden bijgebracht om het genezend vermogen dat in elk mens verborgen ligt, naar boven te kunnen halen en te benutten. Deze technieken krijgen nu steeds meer bekendheid in de gangbare geneeskunde door de convergerende inzichten van natuurkunde, psychologie, neurowetenschap en spiritualiteit.

Tijdens een serie lezingen die Paramahansa Yogananda in 1924 gaf in Portland, Oregon, presenteerde hij voor het eerst zijn leer over de wetenschap van affirmatie en goddelijke genezing. Vanaf dat moment werden gebedsaffirmaties – naast een fascinerende uitleg van de wetenschappelijke en spirituele basisprincipes die affirmaties werkzaam maken – onderdeel van veel van zijn lezingen over en cursussen in yogafilosofie en meditatie. Deze trokken volle zalen in de grote steden van de Verenigde Staten. Een artikel in de *Washington Post* van 17 januari 1927 beschreef zo'n gelegenheid:

> Meer dan 5000 mensen waaronder verschillende lokale prominenten deden gisteravond in het Washington Auditorium mee aan de recitatie van het langzame, sonore ritueel van de wetenschappelijke genezingsdiensten dat werd geleid door Swami Yogananda, een Indiase leraar, metafysicus en psycholoog en oprichter van verscheidene Yogoda-centra in dit land.

> De langzame recitatie eindigde met meerdere langdurige herhalingen van 'Ik ben gezond omdat Gij in mij zijt'. Het woord [*Aum*] tegen het eind werd meer dan een minuut lang herhaald …

> De Swami legde uit dat hij de genezende kracht putte uit de Kosmische Geest, of God, door zijn eigen concentratie, devotie en geloof in de kracht van affirmaties, en dat die kracht werd doorgegeven aan het publiek door middel van de geluidstrillingen. Hij verklaarde dat dit geluid een chemische verandering in de cellen van het lichaam teweegbracht en een herschikking van de hersencellen. Dit alles natuurlijk op voorwaarde dat de ontvanger van de vibrerende golven zich op de juiste manier concentreerde en vervuld was van devotie.

"Uw geloof heeft u gered." Paramahansa Yogananda citeerde deze woorden van Jezus Christus vaak. Hij legde uit dat je innerlijk open moet staan om genezen te kunnen worden. De *Cincinatti Enquirer*

citeerde op 16 oktober 1926 een aantal van de eigen
woorden van de auteur over de genezende kracht van
recitatie en affirmatie:

> Met een onvoorbereid publiek van 3000 mensen in
> Carnegie Hall in New York en met een bijna even groot
> publiek in de Soldiers' Memorial Hall in Pittsburg,
> begon ik zonder enige oefening vooraf te reciteren en
> vroeg het publiek mee te doen. Tijdens de recitaties of
> affirmaties vraag ik de aanwezigen zich te ontspannen
> en met begrip en aandacht affirmaties voor gezondheid,
> welvaart en spirituele ontwikkeling te reciteren …
>
> Al sinds een ver verleden beheersen de heiligen
> van India de kunst om de lucht met bepaalde noten
> in trilling te brengen door een bepaalde intonatie van
> hun Vedische recitaties, waardoor de stille, genezende
> kracht van God en de kosmische energie geactiveerd
> werd om op snelle wijze ziekte, verdriet of armoede te
> verdrijven.

Niet lang nadat Paramahansa Yogananda begon
met de openbare lezingen die hierboven beschreven
zijn, publiceerde het door hem opgerichte genootschap
het boek *Scientific Healing Affirmations*. Sinds die tijd
is het voortdurend in druk gebleven. Door de jaren
heen heeft Self-Realization Fellowship[1] het boek in

[1] Letterlijk: Genootschap van Zelf-realisatie. Paramahansa Yogananda heeft
uitgelegd dat de naam Self-Realization Fellowship duidt op verbondenheid
met God door zelfverwerkelijking, en op vriendschap met allen die naar
de waarheid op zoek zijn.

verschillende nieuwe uitgaven uitgebreid met diverse extra affirmaties die door Sri Yogananda in latere lezingen en cursussen naar voren waren gebracht. In de dertiger en veertiger jaren van de twintigste eeuw begon en eindigde deze grote leraar zijn bijeenkomsten in de door hem opgerichte Self-Realization Fellowship tempels bijna altijd door met de aanwezigen een affirmatie te reciteren voor genezing, het opwekken van wilskracht, devotie, of het ervaren van Gods aanwezigheid.

Dit boek – en dit geldt in feite voor al het werk van Paramahansa Yogananda – is een voorbeeld van een zeldzaam verschijnsel in de uitgeverswereld: het verloor niet binnen een paar jaar na verschijnen zijn populariteit. In tegendeel, elk decennium vindt het opnieuw zijn weg naar een steeds breder publiek. Nu ontdekt een nieuwe generatie deze klassieke gids voor genezing door de wonderbaarlijke geneeskracht van levensenergie, prana: de essentie niet alleen van de geneeskunst van hoogstaande oude beschavingen, maar ook van de geneeskunde van de toekomst waarin geest en lichaam steeds meer als een continuüm gezien zullen worden.

- Self-Realization Fellowship

DE SPIRITUELE ERFENIS VAN
PARAMAHANSA YOGANANDA

*Zijn volledige geschriften, lezingen en informele
voordrachten*

Paramahansa Yogananda richtte Self-Realization
Fellowship in 1920 op om zijn leer wereldwijd te
verspreiden en om de zuiverheid en waarachtigheid
daarvan voor latere generaties veilig te stellen. Hij was
vanaf zijn vroege jaren in Amerika een productief
schrijver en spreker. Op deze manier bracht hij een
beroemd en omvangrijk oeuvre tot stand over de yo-
gawetenschap van meditatie, de kunst van evenwichtig
leven, en de eenheid die aan alle religies ten grondslag
ligt. Tegenwoordig leeft deze unieke en diepgaande
spirituele erfenis voort, en inspireert miljoenen waar-
heidszoekers over de hele wereld.

In lijn met de uitdrukkelijke wens van de grote

meester ziet Self-Realization Fellowship het als
haar taak om het volledige werk van Paramahansa
Yogananda uit te geven en onafgebroken gedrukt te
houden. Dit oeuvre omvat niet alleen de finale versies
van alle boeken die hij gedurende zijn leven had gepu-
bliceerd, maar ook vele nieuwe titels. Hierbij gaat het
om werken die nog niet waren uitgebracht op het moment dat hij in 1952 overleed, of die in onvolledige af-
leveringen in het *Self-Realization Fellowship Magazine*
waren verschenen. Verder omvat het honderden diep
inspirerende lezingen en informele voordrachten die
wel waren vastgelegd maar voor zijn dood nog niet
in druk waren uitgebracht.

Paramahansa Yogananda selecteerde en trainde
persoonlijk die nabije volgelingen die nu aan het
hoofd staan van de Self-Realization Fellowship
Publicatieraad. Hij gaf hun specifieke aanwijzingen
voor het samenstellen, redigeren en uitgeven van zijn
leer. De leden van deze Raad (bestaande uit mon-
niken en nonnen die geloften voor het leven hebben afgelegd om onthecht en belangeloos dienstbaar
te zijn) bewaken deze aanwijzingen als een heilige
opdracht. Zij stellen zich tot doel dat de universele
boodschap van deze geliefde wereldleraar voortleeft

in onverminderde kracht en authenticiteit.

Het Self-Realization Fellowship logo (afgedrukt op de vorige pagina) is door Paramahansa Yogananda ontworpen om de nonprofit organisatie die hij oprichtte kenbaar te maken als de geautoriseerde bron van zijn leer. De naam en het embleem vindt u op alle Self-Realization Fellowship-boeken, opnames en andere uitgaven. Hierdoor kunt u er zeker van zijn dat het werk afkomstig is van de organisatie die Paramahansa Yogananda heeft opgericht en dat deze uitgave zijn leer nauwgezet doorgeeft.

- Self-Realization Fellowship

INHOUDSOPGAVE

DEEL 1
De Genezingstheorie

DEEL 2
PRAKTISCHE TOEPASSINGEN

Deel 1

DE GENEZINGSTHEORIE

1
WAAROM AFFIRMATIES
WERKEN

‍ﾟ

WAT IEMAND ZEGT komt voort uit de Geest. Gesproken woorden zijn klanken die worden veroorzaakt door de vibraties van gedachten; gedachten zijn vibraties die door het ego of de ziel worden uitgezonden. Elk woord dat je uitspreekt moet geladen zijn met de vibratie van de ziel. Iemands woorden zijn krachteloos als ze niet doortrokken zijn van spirituele kracht. Als je teveel praat, overdrijft of onwaarheid spreekt zijn woorden even ondoeltreffend als papieren kogels uit een speelgoedgeweer. Zo is het ook onwaarschijnlijk dat uitspraken en gebeden van een praatziek of onzorgvuldig mens heilzame veranderingen in de orde der dingen teweegbrengen. Iemands woorden moeten niet alleen waar zijn, maar ook duidelijk blijk geven van zijn inzicht en eigen realisatie. Spreken zonder de kracht van de ziel is vergelijkbaar met een maïskolf zonder korrels.

DE SPIRITUELE KRACHT VAN WOORDEN

Woorden die doortrokken zijn van oprechtheid, overtuiging, geloof en intuïtie zijn te vergelijken met zeer explosieve 'vibratiebommen'. Wanneer ze afgaan verbrijzelen ze de rotsen van moeilijkheden en creëren de gewenste verandering. Vermijd het spreken van onaangename woorden, zelfs als ze waar zijn. Oprechte woorden of affirmaties die met begrip, gevoel en goede wil worden herhaald, zullen zeker de Alomtegenwoordige Kosmische Kracht ertoe bewegen hulp te bieden bij moeilijkheden. Doe met oneindig vertrouwen een beroep op die Kracht. Schud elke twijfel van je af, anders zal de pijl van je aandacht van zijn doel worden afgebogen.

Nadat je het zaad van je 'vibratie-gebed' hebt geplant in de grond van het Kosmisch Bewustzijn, moet je het er niet steeds uithalen om te kijken of het al wortel heeft geschoten. Geef de goddelijke krachten de kans om ononderbroken te werken.

DE DOOR GOD GEGEVEN KRACHT VAN DE MENS

Niets is groter dan het Kosmische Bewustzijn, of God. Zijn kracht overtreft verre die van de menselijke geest. Zoek alleen Zijn hulp. Maar deze raad betekent niet dat je jezelf passief, traag of goedgelovig moet opstellen of dat je de kracht van je eigen geest moet beperken. De Heer helpt diegenen die zichzelf helpen. Hij heeft je wilskracht, concentratievermogen, geloof, rede en gezond verstand gegeven om van lichame- lijke of mentale aandoeningen af te kunnen komen. Gebruik al deze krachten terwijl je tegelijkertijd op Hem een beroep doet.

Wanneer je gebeden of affirmaties uitspreekt, houd dan steeds in gedachten dat je *je eigen* maar *door God gegeven* kracht gebruikt om jezelf en anderen te genezen. Vraag Zijn hulp maar weet dat jijzelf, als Zijn geliefde kind, de Goddelijke gaven van wil, emotie en verstand gebruikt om alle problemen van het leven op te lossen. Probeer een evenwicht te vinden tussen het middeleeuwse idee dat je volledig afhankelijk bent van God en de moderne opvatting dat je alleen op het ego kunt vertrouwen.

HET GEBRUIK VAN DE WIL, HET GEVOEL EN HET VERSTAND

Elke soort affirmatie vraagt een andere mentale houding. Combineer bijvoorbeeld vastberadenheid met wilsaffirmaties; devotie met gevoelsaffirmaties; een helder begrip met verstandsaffirmaties. Wanneer je anderen wilt genezen, selecteer dan een affirmatie die past bij het daadkrachtige, fantasierijke, emotionele of bedachtzame karakter van je patiënt. Bij alle affirmaties staat intensieve concentratie voorop maar ook volhouden en herhalen is van groot belang. Je affirmaties moeten met opperste aandacht, vol devotie, wil en geloof worden uitgesproken, zonder te letten op de resultaten. Die volgen vanzelf als de vrucht van je inspanningen.

Om te voorkomen dat je vertrouwen afneemt tijdens een fysiek genezingsproces is het beter om je aandacht niet op de ziekte te richten maar je te concentreren op de oneindige kracht van je geest. Wanneer je angst, boosheid, slechte gewoonten, enzovoorts, probeert te overwinnen moet de aandacht gericht zijn op de tegenovergestelde eigenschap. Met andere woorden, je geneest angst door het bewustzijn van moed, boosheid door sereniteit, zwakte door kracht, ziekte door gezondheid.

GEDACHTEN ZIJN VERANTWOORDELIJK VOOR CHRONISCHE ZIEKTEN

Bij een poging tot genezing concentreert men zich vaak meer op de hardnekkigheid van de ziekte dan op de mogelijkheid van een herstel waardoor ziekte zowel een mentale als fysieke gewoonte kan worden. Dit geldt met name voor de meeste gevallen van nervositeit. Elke trieste, vrolijke, boze of kalme gedachte snijdt fijne groeven in de hersencellen. Die versterken weer de aanleg voor ziekte of gezondheid.

Vaste ideeën die in ons onderbewustzijn over onze gezondheid of ziekte leven, hebben een sterke invloed op ons. Hardnekkige mentale of lichamelijke ziekten wortelen altijd diep in het onderbewustzijn. Ziekte kan worden genezen door de verborgen wortels uit te trekken. Daarom moeten alle affirmaties *genoeg indruk maken* om ze tot het onderbewustzijn door te laten dringen dat op zijn beurt weer automatisch het bewustzijn beïnvloedt. Sterke, bewuste affirmaties werken daarom via het onderbewustzijn door op geest en lichaam. Nog sterkere affirmaties bereiken niet alleen het onderbewustzijn, maar ook de bovenbewuste geest – de magische opslagplaats van wonderbaarlijke krachten.

Spreek woorden van Waarheid gewillig, in vrijheid, met begrip en devotie uit. Laat je gedachten niet afwalen, en als dat wel gebeurt breng ze dan als spijbelende kinderen steeds terug. Oefen geduldig met het terughalen van de aandacht, zodat gerichte gedachten de hun toebedeelde taak kunnen uitvoeren.

AANDACHT EN GELOOF ZIJN NOODZAKELIJK

Het is belangrijk dat alle affirmaties zonder onzekerheid en twijfel worden uitgesproken om het bovenbewustzijn te kunnen bereiken. Met het licht van aandacht en geloof worden zelfs niet helemaal begrepen affirmaties naar het onderbewuste en bovenbewuste geleid.

Geduld en aandachtige, intelligente herhaling doen wonderen. Herhaal affirmaties voor genezing van chronische mentale of lichamelijke aandoeningen vaak, zonder ophouden en met diepe concentratie, totdat ze een onderdeel van je diepe intuïtieve overtuigingen worden. Mocht een situatie eventueel onveranderd blijven of zelfs verslechteren, schenk daar dan geen enkele aandacht aan. Als de dood toch moet komen dan is het beter te sterven in de overtuiging dat je volkomen gezond bent dan met de gedachte dat een mentale of fysieke aandoening ongeneeslijk is.

Hoewel de dood, volgens de huidige menselijke kennis, het onvermijdelijke einde van het lichaam is, kan de 'voorbestemde tijd' worden veranderd door de kracht van de ziel.

2
GENEZING DOOR
LEVENSENERGIE

∽

DE HEER JEZUS zei: "De mens zal van brood alleen
niet leven, maar van elk woord dat uit de mond van
God komt." [1]

Het 'woord' is levensenergie of kosmische trilling.
De 'mond van God' is de medulla oblongata in het
achterste gedeelte van de hersenen, dat wigvormig uit-
komt in de ruggengraat. Dit meest essentiële deel van
het menselijk lichaam is 'de mond van God', de goddelijke toegangspoort voor het 'woord', de levensenergie

---

[1] Matteus 4.4. Zie ook Johannes 1.1: "In het begin was het Woord, en het
Woord was bij God, en het Woord was God."

die de mens in stand houdt. In de heilige boeken van hindoes en christenen wordt het Woord respectievelijk *Aum* en *Amen* genoemd.

Alleen die Volmaakte Kracht geneest. Alle externe genezingsmethoden kunnen zonder samenwerking met de levensenergie niets uitrichten.

KARAKTER BEPAALT DE GENEZINGSMETHODE

Medicijnen, massage, het manipuleren van de ruggengraat of elektrische behandeling helpen om aangetaste cellen te herstellen door een chemische verandering van het bloed of door fysiologische prikkels. Dit zijn externe methoden die soms de levensenergie helpen om een genezing tot stand te brengen, maar ze hebben geen enkele uitwerking op een levenloos lichaam waaruit de levensenergie is verdwenen.

Bij affirmaties kan voorstellingsvermogen, intellect, geloof, emotie, wil of inspanning worden gebruikt overeenkomstig iemands aanleg; die kan fantasierijk, intellectueel, ambitieus, emotioneel, wilskrachtig of eerzuchtig zijn. Weinig mensen weten dit. Coué benadrukte de waarde van autosuggestie[2] maar een intellectueel type is niet vatbaar voor suggestie. Die wordt alleen overtuigd door een metafysische discussie over de krachtige invloed van het bewustzijn op het lichaam. Hij wil het waarom en waardoor van mentale kracht begrijpen. Als hij, bijvoorbeeld, inziet dat blaren door hypnose kunnen worden veroorzaakt, zoals William James aantoont in *Principles of Psychology*, dan begrijpt het intellectuele type ook hoe de psyche ziekten kan genezen. Als de psyche ziekten kan veroorzaken, dan kan ze ook gezondheid veroorzaken. De kracht van de geest heeft de verschillende lichaamsdelen tot ontwikkeling gebracht. De psyche speelt een grote rol bij de productie van lichaamscellen en kan ze ook regenereren.

Autosuggestie werkt ook niet voor zeer wilskrachtige mensen. Zij komen eerder van een ziekte af door affirmaties die hun wilskracht stimuleren dan door voorstellingsvermogen. Autosuggestie is echter wel nuttig voor mensen die vooral emotioneel van aard zijn.

---

[2] Coué's psychotherapie was meer gebaseerd op de verbeeldingskracht dan op wilskracht. Hij gebruikte formules, zoals de bekende 'Ik word elke dag en op elke manier steeds beter.' Deze moesten steeds opnieuw worden herhaald als de geest in een ontvankelijke staat was, uitgaande van de theorie dat ze zouden doordringen in het onderbewustzijn en gedachten elimineren die verdriet en ziekte kunnen veroorzaken.

DE KRACHT VAN EMOTIE EN WIL

Er is een geval bekend van een emotioneel persoon die niet meer kon spreken maar zijn spraak terugkreeg toen hij een brandend gebouw ontvluchtte. Door de plotselinge schrik bij het zien van de vlammen kon hij uitroepen: "Brand!, Brand!". Hij vergat dat hij daarvoor niet in staat was iets te zeggen. De sterke emotie overwon zijn onderbewuste gewoonte om ziek te zijn. Dit verhaal is een illustratie van de genezende kracht van intense aandacht.

Gedurende mijn eerste reis per stoomboot van India naar Ceylon werd ik plotseling zeeziek en verloor mijn kostbare maaginhoud. Ik was diep verontwaardigd over dit gebeuren; de zeeziekte overviel me net op een moment dat ik genoot van mijn eerste ervaring met een kamer op zee (de scheepshut) en een varend dorp. Ik nam het vaste besluit me nooit meer op die manier beet te laten nemen. Ik deed een stap naar voren en zette mijn voet stevig op de vloer van de hut. Ik commandeerde mijn wil om de ervaring van zeeziekte nooit meer toe te laten. Daarna ben ik geen moment meer zeeziek geweest hoewel ik een maand op zee was van Japan naar India en terug, en zesentwintig dagen heen en weer van Seattle naar Alaska.

HET STIMULEREN VAN DE LEVENSENERGIE

Wil, of voorstellingsvermogen, of logisch denken, of emotionele krachten kunnen uit zichzelf geen fysieke genezing tot stand brengen. Ze functioneren slechts als middel dat, afhankelijk van iemands individuele aanleg, de levensenergie kan aanzetten tot het genezen van een aandoening. Als bijvoorbeeld in het geval van een verlamde arm de wil of verbeeldingskracht onophoudelijk wordt gestimuleerd kan de levensenergie plotseling naar het aangetaste weefsel van de zenuwen stromen en de arm genezen.

Herhaal de affirmaties wilskrachtig en onophoudelijk zodat de kracht van de wil of de rede of emotie groot genoeg is om de passieve levensenergie op gang te brengen en weer in juiste banen te leiden. Onderschat nooit het belang van *herhaling met steeds grotere inspanning.*

Zoals bij het planten succes afhangt van twee

factoren: de kracht van het zaad en de kwaliteit van de grond, zo zijn ook bij het genezen van een ziekte de kracht van de genezer en de ontvankelijkheid van de patiënt beide onontbeerlijk.

"Kracht (dat wil zeggen, geneeskracht) was van hem uitgegaan" en "Uw geloof heeft u gered." [3] Zulke Bijbelse uitspraken tonen aan dat zowel de kracht van de genezer als het geloof van de zieke nodig zijn.

Grote genezers, mensen die zich volledig bewust zijn van God, genezen niet door toeval maar door hun gedetailleerde kennis. Doordat ze een diep inzicht hebben in de manier waarop levensenergie gekanaliseerd wordt, zijn ze in staat een energiegevende stroom, overeenkomend met hun eigen levensenergie, op de patiënt over te brengen. Tijdens de genezing zien ze daadwerkelijk de psychofysieke wetten van de natuur in actie in het weefsel van de zieke en nemen ze waar dat de genezing hierdoor tot stand wordt gebracht.

Minder spiritueel ontwikkelde mensen zijn ook in staat om zichzelf en anderen te genezen door visualisatie en door een grote stroom levensenergie naar het

[3] Markus 5.30: 34.

aangetaste lichaamsdeel te leiden.

Lichamelijke, mentale en geestelijke ziekten kunnen soms ook wel zonder tussenkomst genezen. De
opgehoopte duisternis van eeuwen her wordt in een
ogenblik verdreven door licht te laten schijnen, niet
door te proberen de duisternis te verjagen. Het tijdstip
waarop iemand zal genezen kan niemand vooraf bepa-
len, dus bind je niet aan toezeggingen. Je geloof en niet
de tijd bepaalt wanneer een genezing tot stand komt.
Resultaten hangen af van het correct opwekken van de
levensenergie en van iemands bewuste of onbewuste
staat. Ongeloof verlamt de levensenergie en verhindert
het volmaakt functioneren van deze goddelijke dokter,
de bouwer en meester steenhouwer van het lichaam.

Inspanning en concentratie zijn essentieel om je
geloof, wilskracht of voorstellingsvermogen zodanig
te bewerken dat de levensenergie gedwongen wordt
genezing te brengen. Het verlangen naar of de ver-
wachting van goede resultaten tast de kracht van het
werkelijk geloven aan. Zonder wil en geloof blijft de
levensenergie slapend en doet niets.

Het kost tijd om de afgenomen kracht van wil,
geloof of voorstellingsvermogen van een chronische

patiënt te regenereren doordat zijn gedachten aan ziek zijn subtiele groeven in de hersencellen hebben geslepen. Het kan lang duren voordat een 'ziekte-bewustzijn' een negatief gewoontepatroon wordt. Zo kan het ook lang duren voordat een positief gewoontepatroon van 'gezondheidsbewustzijn' is gevormd.

Denk niet bij de affirmatie "Ik ben gezond" tegelijkertijd dat het eigenlijk niet waar is. Dat is hetzelfde als het innemen van een werkzaam medicijn samen met een middel dat de werking ervan juist tegengaat. Als je je gedachten gebruikt als medicijn, wees dan voorzichtig dat je positieve gedachten niet neutraliseert door negatieve gedachten. Om werkzaam en vruchtbaar te kunnen zijn moet een gedachte doortrokken zijn van zo'n wilskracht dat ze de tegenwerking van tegengestelde gedachten kan weerstaan.

DE WAARHEID IS DE KRACHT ACHTER AFFIRMATIES

Voordat gedachten effectief kunnen zijn, moeten ze niet alleen begrepen zijn maar ook op de juiste manier worden aangewend. Ideeën komen eerst op in een ruwe of onverteerde vorm. Maak ze je eigen door ze rustig te overdenken. Een gedachte die geen verbinding heeft met je diepste wezen heeft geen waarde. Mensen die klagen over povere resultaten, en die beweren dat gedachten geen geneeskracht hebben, zijn mensen die affirmaties gebruiken zonder de waarheid waarop ze zijn gebaseerd te begrijpen, namelijk de ondeelbare eenheid van de mens met God.

3
DE GENEZING VAN LICHAAM, GEEST EN ZIEL

IN ZIJN VERGANKELIJKE vorm leeft de mens op drie niveaus. Hij verlangt dan ook naar bevrijding van lijden op alledrie niveaus. Wat hij nodig heeft is het volgende:

1. Genezing van lichamelijke ziekten.

2. Genezing van mentale of psychische kwalen, zoals angst, boosheid, slechte gewoonten, faalangst, gebrek aan ondernemingslust en zelfvertrouwen, enzovoorts.

3. Genezing van spirituele aandoeningen zoals onverschilligheid, geen doel in het leven

hebben, intellectuele hoogmoed en dogma-
tisme, scepsis, tevredenheid met de materi-
ele kant van het bestaan, het niet kennen van
de basiswetten van het leven en van de eigen
goddelijkheid.

Het is van het allergrootste belang dat bij alledrie soorten aandoeningen evenveel aandacht wordt
geschonken aan het voorkomen als aan het genezen
ervan.

De meeste mensen geven alleen aandacht aan
de genezing van lichamelijke kwalen, omdat die zo
tastbaar en duidelijk zijn. Ze beseffen niet dat hun
mentale aandoeningen zoals teveel piekeren, zelfzucht
enzovoorts en hun geestelijke blindheid voor de ware,
hemelse betekenis van het leven de ware oorzaken zijn
van alle menselijke ellende.

Wanneer iemand zijn geest heeft bevrijd van
de mentale bacteriën zoals onverdraagzaamheid,
woede en angst, en zijn ziel van onwetendheid, dan
is het onwaarschijnlijk dat zijn lichaam te maken
krijgt met ziekte of zijn geest met een neiging tot
negativiteit.

HOE VOORKOM JE LICHAMELIJKE ZIEKTEN?

Wil je lichamelijke ziekten vermijden dan moet je je houden aan Gods wetten voor het fysieke bestaan. Eet niet teveel. De meeste mensen sterven doordat ze gulzig zijn of niet het juiste voedsel eten.

Gehoorzaam Gods wetten op het gebied van hygiëne. Het zuiver houden van de geest gaat boven lichamelijke hygiëne, maar dit laatste is wel belangrijk en mag niet worden verwaarloosd. Wees echter niet zo strikt dat de geringste afwijking van je gezonde gewoonten je van je stuk brengt.

Lichamelijke afbraak is te voorkomen door kennis over het behoud van fysieke energie. Dit kan ook worden bereikt door de Self-Realization Fellowship oefeningen (*Energization Exercises*), die het lichaam voorzien van een onuitputtelijke hoeveelheid levensenergie.

Voorkom aderverkalking door het juiste dieet.

Belast het hart niet teveel; angst en woede eisen hun tol. Geef het hart rust door de techniek van

Self-Realization en ontwikkel een houding van innerlijke vrede.

Met elke samentrekking persen de twee hartkamers ongeveer 120 gram bloed door het lichaam. In één minuut bedraagt het verplaatste gewicht wel 8 kilo. Dat is ongeveer 12 ton per dag en circa 4000 ton per jaar. Deze getallen laten zien dat het hart een enorme hoeveelheid werk verzet.

Veel mensen geloven dat het hart in een rusttoestand is tijdens de diastolische expansie, in totaal ongeveer negen van de vierentwintig uur per dag. Deze periode is echter geen echte rust; het is slechts de voorbereiding op de systolische beweging. De vibraties die worden veroorzaakt door het samentrekken van de hartkamers resoneren in het hartweefsel tijdens de ontspanning. Vandaar dat het hart dan niet echt ontspannen is.

De energie die je dag en nacht verbruikt veroorzaakt een natuurlijke slijtage van de hartspieren. Daarom is rust voor die spieren van grote waarde voor het behoud van de gezondheid. Een bewuste beheersing van de slaap, dat wil zeggen, het naar believen kunnen inslapen en weer wakker worden, is onderdeel van de yogatraining waardoor de mens bewust zijn hartslag kan regelen. Je hebt beheersing over de dood wanneer je de werking van het hart in eigen hand hebt. De rust en vernieuwde energie die de slaap aan het lichaam geeft zijn slechts een flauwe afspiegeling van de heerlijke kalmte en kracht die voortkomen uit de 'bewuste slaap' wanneer zelfs het hart in rusttoestand verkeert.

In 1837 werd in India een bekende fakir, sadhu Haridas genaamd, levend begraven. Dit gebeurde op bevel van Maharajah Ranjit Singh uit de Panjab bij wijze van een gecontroleerd experiment. De yogi bleef veertig dagen lang begraven binnen een ommuurd terrein dat onder constante militaire bewaking stond. Aan het eind van die periode werd hij opgegraven in aanwezigheid van vele hoogwaardigheidsbekleders van de *darbar* (rechtbank) samen met Kolonel C.M. Wade uit Londen en verschillende andere Engelsen uit de buurt. Sadhu Haridas begon weer te ademen en hervatte zijn normale leven. Bij een eerder onderzoek, uitgevoerd door Rajah Dhyan Singh uit Jammu-Kashmir, bleef sadhu Haridas zelfs vier maanden lang begraven. Hij had zijn hartfuncties volledig onder controle en kon zijn hart stilleggen wanneer en zolang hij dat wilde.

HOE VOORKOM JE PSYCHISCHE ZIEKTEN?

Ontwikkel innerlijke vrede en vertrouwen in God. Verdrijf alle onrustig makende gedachten en vervang ze door liefde en vreugde. Besef dat mentale genezing boven fysieke genezing gaat. Verban slechte gewoonten, die het leven ellendig maken.

HOE VOORKOM JE SPIRITUELE ZIEKTEN?

Vergeestelijk het lichaam door het bewustzijn van sterfelijkheid en verandering voorgoed los te laten. Het lichaam is trilling die verdicht is tot materie en moet dan ook als zodanig gezien worden. Ontdoe je van het bewustzijn van ziekte, aftakeling en dood door wetenschappelijk begrip van de achterliggende wetten van de eenheid van materie en Geest. Uit deze wetten blijkt dat beide – materie en Geest - in principe één zijn. De oorspronkelijke Geest wordt zichtbaar als materie en daardoor lijkt het oneindige eindig te zijn. Wees er vast van overtuigd dat je naar het beeld van de Vader bent geschapen en dat je daarom onsterfelijk en volmaakt bent.

De wetenschap heeft aangetoond dat zelfs een deeltje materie of een energiegolf onverwoestbaar is. Zo is ook de ziel, de oorspronkelijke geestelijke kern van de mens onverwoestbaar. Materie is onderhevig aan verandering; de ziel ondergaat ervaringen die veranderlijk zijn. Ingrijpende veranderingen worden dood genoemd, maar de dood of een verandering in vorm verandert of vernietigt niet de geestelijke kern.

Er worden diverse concentratie- en meditatiemethoden aangeboden, maar de methoden van Self-Realization Fellowship zijn het meest effectief. Maak in het dagelijks leven gebruik van de vrede en evenwichtigheid die je opdoet door diepe concentratie en in meditatie. Bewaar dat innerlijk evenwicht, zelfs in benarde omstandigheden. Geef je niet over aan heftige emoties; wees als een rots van stabiliteit wanneer dingen zich tegen je keren.

EVALUATIE VAN GENEESKUNDIGE METHODEN

Men neemt vaak aan dat ziekte een externe, materiële oorzaak heeft. Weinig mensen beseffen dat ziekte ontstaat doordat de levenskracht binnen in je niet actief is. De cel of het weefsel is het voertuig van de levensenergie. Wanneer dat voertuig beschadigd is, trekt de levensenergie zich daaruit terug met als gevolg dat er problemen ontstaan. Medicijnen, massage en elektriciteit zijn slechts hulpmiddelen. Ze stimuleren de cellen en daardoor wordt de levensenergie in beweging gezet om het onderhouds- en reparatiewerk te kunnen hervatten.

Wees op geen enkele manier extreem. Maak, afhankelijk van je voorkeur, gebruik van een voor jou geschikte behandelmethode. Medicijnen en voedsel hebben een chemische uitwerking op het bloed en het weefsel; om die reden eet je. Waarom zou je dan ontkennen dat medicijnen en andere materiële hulpmiddelen ook invloed hebben op het lichaam? Zolang het bewustzijn van de mens voornamelijk op de materie is gericht zijn ze nuttig. Ze hebben echter hun beperkingen omdat ze van buitenaf worden toegediend. De beste systemen zijn die welke de levensenergie weer in gang zetten om het lichaam van binnenuit te genezen.

Medicijnen kunnen door hun chemische werking het bloed en het weefsel positief beïnvloeden. Het gebruik van elektrische apparaten kan ook heilzaam zijn. Maar noch medicijnen noch elektriciteit kunnen ziekten genezen. Ze kunnen de energie alleen maar prikkelen om weer door te stromen naar het gekwetste lichaamsdeel. Het toedienen van een lichaamsvreemd middel, of het nu een medicijn of elektriciteit is, is niet wenselijk als we in staat zijn de levensenergie rechtstreeks te gebruiken.

GODS WETTEN TOEGEPAST OP DE MATERIE

Een zalf kan nuttig zijn voor jeuk, zweren, een snijwond enzovoorts. Bij een arm- of beenbreuk hoef je de levensenergie niet lastig te vallen met het zetten van de losse botten. Immers, de chirurg (kind van God en handelend als Zijn instrument) kan dankzij zijn vaardigheid en kennis van de werking van Gods wetten in de materie die botten zetten. Als je door mentale kracht de gebroken botten onmiddellijk kunt genezen, laat het dan niet na, maar het zou onverstandig zijn te wachten totdat je dat vermogen hebt ontwikkeld.

Vasten, massage, osteopatische behandelingen, chiropraktische wervelcorrectie, yogahoudingen enzovoorts kunnen helpen om blokkades in de zenuwen of wervels op te heffen of te verlichten en daardoor de levensenergie weer ongehinderd te laten stromen.

LEVENSENERGIE LEREN BEHEERSEN

Aan de andere kant is mentale genezing superieur aan alle fysieke geneesmethoden, omdat wil, voorstellingsvermogen, geloof en verstand staten van bewustzijn zijn die in feite rechtreeks van binnenuit werken. Zij leveren de drijvende kracht die de levensenergie stimuleert om iedere gegeven taak uit te voeren.

Autosuggestie en diverse affirmaties zijn nuttig bij het stimuleren van de levensenergie. Omdat echter een behandelaar vaak zulke zuiver mentale methoden gebruikt zonder zich bewust te zijn van die energie laat hij na een fysiologische verbinding te leggen en zijn zijn methoden niet zonder meer werkzaam. Een genezing is pas zeker als psychologische technieken worden gecombineerd met de kracht van wil, geloof en verstand. Die kracht kan de levensenergie leiden

om de bovenbewuste psyche te bereiken. In die gelukzalige staat van Werkelijkheid begrijpt de mens
dat materie en Geest een ondeelbare eenheid zijn en
lost hij alle problemen van onbalans op.

De Self-Realization methode leert je wilskracht
te gebruiken om werkelijk vibrerende levensenergie
naar elk lichaamsdeel te sturen. Met deze methode
ervaar je inderdaad de stroom van kosmische trilling
en kracht.

4
DE AARD VAN DE SCHEPPING

MATERIE BESTAAT NIET op de manier zoals we die normaal waarnemen; niettemin bestaat ze wel degelijk als kosmische zinsbegoocheling. Om een waanvoorstelling te verdrijven heb je een specifieke methode nodig. Je kunt een drugsverslaafde ook niet in een handomdraai genezen. Materieel bewustzijn houdt de mens in zijn greep door middel van de wet van misleiding. Dat bewustzijn kan hij alleen uitbannen door de tegengestelde wet – de wet van de waarheid - te bestuderen en te volgen.

Geest werd materie via een serie materialisatie-processen. Dus komt materie voort uit en kan niet verschillend zijn van haar oorzaak, de Geest. Materie is een gedeeltelijke verschijningsvorm van de Geest: het Oneindige dat zich voordoet als eindig, en het Onbegrensde als begrensd. Omdat materie Geest is in een misleidende verschijningsvorm bestaat materie als zodanig niet.

BEWUSTZIJN EN MATERIE

Bij het begin van de schepping ontstond vanuit de Geest natuur in twee verschillende trillingsfrequenties: bewustzijn als een fijnere en materie als een grovere trilling. Twee uitdrukkingen van de ene transcendentale Geest.

Het bewustzijn is de vibratie van de subjectieve verschijningsvorm van de Geest, en materie de vibratie van Zijn objectieve verschijningsvorm. De Geest, als Kosmisch Bewustzijn, is latent aanwezig in de objectieve vibratie van materie en manifesteert Zichzelf subjectief als het bewustzijn dat aanwezig is in alle vormen van de schepping. Zijn hoogste uitingsvorm is de menselijke geest, met zijn talloze vertakkingen van gedachten, gevoelens, wilskracht en voorstellingsvermogen.

Het verschil tussen materie en Geest ligt in de trillingsfrequentie. Dat is een gradueel verschil, geen soortelijk verschil. Ter verduidelijking het volgende voorbeeld. Hoewel alle vibraties kwalitatief gelijk zijn, zijn trillingen van 16 tot 20.000 Hertz per seconde grof genoeg om waarneembaar te zijn voor het menselijk gehoor. Onder de 16 of boven de 20.000 Hertz zijn ze echter in het algemeen niet te horen. Er is geen wezenlijk verschil tussen hoorbare en niet hoorbare trillingen, hoewel er wel een relatief verschil is.

Door de kracht van *maya*, kosmische illusie, heeft de Schepper de materie zo duidelijk en realistisch vormgegeven dat die voor de mens geen enkel verband lijkt te hebben met de Geest.

HET DENKEN IS DE MEEST SUBTIELE VIBRATIE

Binnen de grove vibratie van het lichaam bevindt zich de fijne vibratie van de kosmische stroom, de levensenergie en in zowel het lichaam als in de levensenergie dringt de meest subtiele trilling, die van bewustzijn, door.

De vibraties van het bewustzijn zijn zo subtiel dat een materieel instrument ze niet kan detecteren. Alleen bewustzijn kan bewustzijn bevatten. Mensen voelen duidelijk de talloze vibraties van het bewustzijn die worden uitgezonden door andere mensen – via woorden, daden, blikken, gebaren, stilte, houding, enzovoorts.

Elk mens heeft de karakteristieke vibraties van zijn eigen bewustzijnsniveau. Dit is zijn eigen, persoonlijke uitstraling en hierdoor worden andere personen en dingen beïnvloed. Bijvoorbeeld, een kamer die wordt bewoond is vol van de gedachtevibraties van de bewoner. Deze kunnen duidelijk worden waargenomen door andere mensen die daarvoor de vereiste gevoeligheid hebben.

Het ego (iemands ik-gevoel: de vervormde sterfelijke weerspiegeling van de onsterfelijke ziel) neemt bewustzijn rechtstreeks waar. De materie (dat wil zeggen, het menselijk lichaam en alle andere dingen in de schepping) worden *indirect* waargenomen via mentale processen en zintuiglijke waarnemingen. Dit betekent dat het ego aldoor beseft dat het bewustzijn bezit. Het ego is zich echter niet bewust van de materie, zelfs niet van het lichaam dat het bewoont, tenzij via gedachten.

Daardoor is iemand die zich sterk concentreert, op welk onderwerp dan ook, zich wel bewust van zijn psyche maar niet van zijn lichaam.

DROOMERVARINGEN

Alle ervaringen van de mens buiten de slaap kan hij ook meemaken in dromen. In een droom kan iemand ervaren dat hij heel gelukkig is en in een prachtige tuin wandelt en dan plotseling wordt geconfronteerd met het dode lichaam van een vriend. Overmand door verdriet barst hij in tranen uit, krijgt hoofdpijn en voelt zijn hart bonzen. Plotseling wordt hij overvallen door een stortbui en hij wordt nat en koud. Dan ontwaakt hij en lacht om die droomervaringen.

Wat is het verschil tussen de ervaringen van iemand die droomt en die van dezelfde persoon als hij wakker is? Tijdens de slaap was de dromer zich bewust van de *materie,* zoals zijn eigen lichaam en dat van zijn vriend, de tuin, enzovoorts. Ook speelde *bewustzijn* een rol, in de vorm van gevoelens van vreugde en verdriet. Zowel tijdens de droom als na het ontwaken is hij zich gewaar van materie en bewustzijn.

De mens is in staat om zowel materie als bewustzijn te creëren in een fictieve droomwereld. Daarom kan het niet moeilijk voor hem zijn te beseffen dat de Geest, door gebruik te maken van de kracht van *maya*, een droomwereld van 'leven' oftewel bewust bestaan heeft geschapen; een bestaan dat in wezen onwerkelijk is. Het is onwerkelijk omdat het voorbijgaand en vluchtig is en steeds verandert. Het is te vergelijken met ervaringen tijdens een droom.

MAYA OF KOSMISCHE MISLEIDING

De waarneembare wereld staat onder de invloed van *maya*, de wet van de dualiteit of tegenstellingen. Daarom is het een onwerkelijke wereld die de waarheid van de Goddelijke Eenheid en Onveranderlijkheid achter een sluier van misleiding verborgen houdt. Vanuit sterfelijk oogpunt ervaart de mens dromen van dualiteit en tegenstellingen – leven en dood, gezondheid en ziekte, geluk en verdriet. Als echter het bewustzijn van de ziel ontwaakt, verdwijnen alle dualiteiten en kent hij zichzelf als de eeuwige en gelukzalige Geest.

WAT DE DWALENDE MENSHEID NODIG HEEFT

Voor de dwalende mensheid is zowel medische als mentale hulp belangrijk. Dat de psyche van groter belang is dan materiële hulpmiddelen valt niet te ontkennen; het beperkter genezend vermogen van voedsel, kruiden en medicijnen is eveneens onbetwistbaar. Als je van mentale methoden gebruik maakt hoef je niet alle lichamelijke genezingsmethoden te minachten. Ook die zijn het resultaat van het onderzoek naar Gods wetten van de materie.

Zo lang het lichaam als materie wordt beschouwd kun je niet helemaal zonder medicijnen. Maar zodra de mens meer begrip krijgt van de immateriële oorsprong van het lichaam, verdwijnt zijn geloof in de genezende kracht van medicijnen. Hij ziet in dat elke ziekte voortkomt uit de psyche.

WIJSHEID IS HET BESTE ZUIVERINGSMIDDEL

Mijn meester, Swami Sri Yukteswarji, heeft nooit beweerd dat medicijnen nutteloos zijn. Toch trainde en vergrootte hij het bewustzijn van veel van zijn leerlingen zodanig dat ze bij ziekte alleen mentale kracht gebruikten. Hij zei vaak: "Wijsheid is het beste zuiveringsmiddel."

Sommige mensen, zowel uit het Oosten als uit het Westen, ontkennen fanatiek dat materie bestaat. Tegelijkertijd worden ze zo in beslag genomen door hun lichaam dat ze zich uitgehongerd voelen als ze een maaltijd moeten overslaan.

Pas als je die staat van bewustzijn hebt bereikt waarin lichaam en geest, leven en dood, gezondheid en ziekte beide even bedrieglijk blijken te zijn, dan kun je oprecht zeggen dat je niet gelooft in het bestaan van materie.

HET MENSELIJK EN GODDELIJK BEWUSTZIJN

Door *maya* en de daaruit voortvloeiende onbekendheid met zijn ziel is het menselijk bewustzijn geïsoleerd van het Kosmische Bewustzijn. De menselijke geest is onderhevig aan verandering en beperking, maar het Kosmische Bewustzijn is vrij van alle begrenzingen. Het is nooit betrokken bij ervaringen van dualiteit (leven en dood, ziekte en gezondheid, voorbijgaand verdriet en voorbijgaande vreugde, enzovoorts). In de Goddelijke Geest is er altijd een onveranderlijk gewaarzijn van Gelukzaligheid.

Het proces van de bevrijding van het menselijk bewustzijn bestaat uit studie, affirmaties, concentratie en meditatie om de aandacht af te leiden van de vibraties van het grofstoffelijk lichaam met de onophoudelijke stroom van wisselende gedachten en emoties. Hierdoor kan de mens de subtielere en meer stabiele trillingen van de levensenergie en hogere bewustzijnstadia gewaarworden.

VERTROUW OP DE INNERLIJKE GODDELIJKE KRACHT

Mensen die een sterk materieel bewustzijn hebben, degenen die gewend zijn het 'zelf' als het fysieke lichaam te beschouwen, moeten langzaamaan weggeleid worden van de afhankelijkheid van medicijnen en andere uiterlijke hulpmiddelen. Ze moeten worden geholpen om geleidelijk steeds meer op de innerlijke Goddelijke Kracht te vertrouwen.

D e e l 2

PRAKTISCHE TOEPASSINGEN

5
DE AFFIRMATIE-TECHNIEK

❧

VOORBEREIDING

1. Ga zitten met het gezicht richting noord of oost, bij voorkeur op een rechte stoel zonder armleuningen, met een wollen deken. Deze deken dient als isolatie tegen magnetische aardstromen die de geest kunnen beletten los te komen van zintuiglijke indrukken waardoor het voor de geest moeilijk is los te komen van materiële waarnemingen. Zie pagina 46 en 47.

2. Sluit je ogen en concentreer op de medulla oblongata (in de nek), tenzij anders

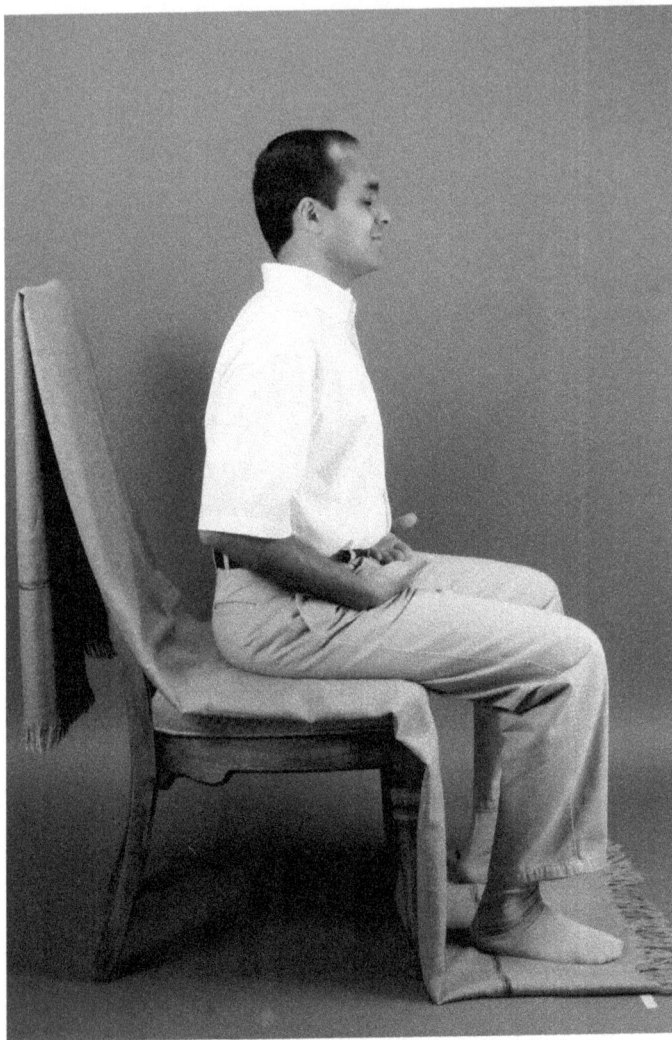

Meditatiehouding: zittend op een stoel

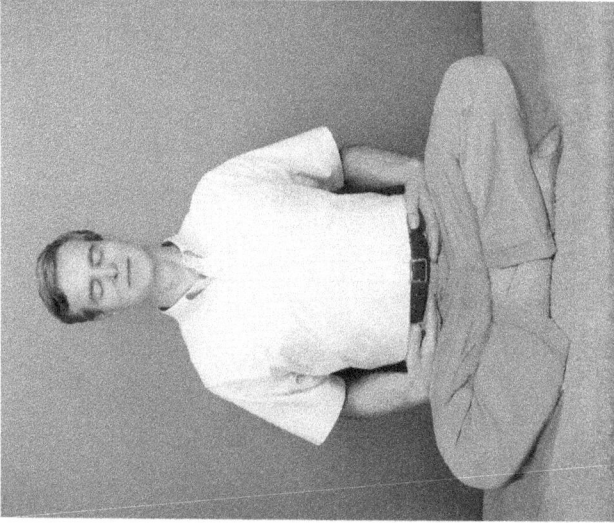

Meditatiehoudingen: lotushouding (*links*) en eenvoudige kleermakerszit

aangegeven. Houd de ruggengraat recht, de borst vooruit en de buik ingetrokken. Haal diep adem en adem daarna drie keer uit.

3. Ontspan het lichaam; zit roerloos stil. Ban rusteloze gedachten uit. Keer de aandacht naar binnen zodat je geest niet langer op zintuiglijke prikkels, warmte en kou, geluiden, enzovoorts, gericht is.

4. Denk niet aan de speciale soort genezing die je nodig hebt.

5. Zet angst, wantrouwen en zorgen van je af. Wees er kalm en vol vertrouwen van overtuigd dat de Goddelijke Wet werkt en almachtig is. Sta jezelf geen twijfel of ongeloof toe. Geloof en concentratie zorgen voor een ongehinderde werking van de wet. Houd de gedachte vast dat elke lichamelijke toestand te veranderen en te genezen is en dat het idee van een chronische ziekte een misvatting is.

Tijd: De beste tijd voor affirmaties is 's morgens direct na het wakker worden of 's avonds vlak voor het inslapen. Groepen kunnen op elk geschikt uur bij elkaar komen.

Plaats: Kies indien mogelijk een rustige plaats. Als een lawaaiige omgeving onvermijdelijk is, negeer dan het geluid en doe de affirmaties met aandacht en overgave.

Methode: Zet alle zorgen en rusteloosheid van je af voordat je met de affirmaties begint. Kies je affirmatie en herhaal deze in zijn geheel, eerst hardop, dan zachter en langzamer, totdat je gaat fluisteren. Vervolgens herhaal je de affirmatie alleen mentaal, zonder de tong of lippen te bewegen, totdat je voelt dat je een diepe, constante concentratie hebt bereikt. Dit is geen onbewuste staat waarin je verkeert, maar een diepe continuïteit van een ononderbroken gedachte.

Als je het mentaal affirmeren voortzet en nog dieper gaat dan ervaar je een steeds groter wordende vreugde en vrede. In een staat van diepe concentratie wordt je affirmatie één met de onderbewuste stroom, die later versterkt terugkomt met de kracht om je bewuste geest te beïnvloeden door de wet van de gewoonte.

Gedurende de tijd dat je een alsmaar toenemende

vrede ervaart, gaat je affirmatie dieper en dringt het bovenbewuste gebied binnen, om later, geladen met onbeperkte kracht, terug te keren om je bewuste geest te beïnvloeden en ook om je wensen te vervullen. Twijfel niet en je zult getuige zijn van het wonder van dit wetenschappelijke geloof.

Tijdens groepsaffirmaties om lichamelijke en mentale ziektes in jezelf of anderen te genezen, moet de groep erop letten de affirmaties te spreken op gelijke toon, met gelijke mentale kracht, gelijke concentratie en een gelijk gevoel van geloof en vrede.

Mensen met een zwakkere geest verminderen de gebundelde kracht die voortkomt uit affirmaties en kunnen zelfs deze stroom van kracht afhouden van zijn bovenbewuste bestemming. Houd het lichaam daarom volkomen bewegingloos en vermijd mentale rusteloosheid. De concentratie van alle leden van de groep is noodzakelijk om het gewenste resultaat te bereiken.

In groepsaffirmaties moet de leider de affirmaties ritmisch voorlezen. Daarna herhalen de toehoorders deze woorden in hetzelfde ritme en met dezelfde intonatie.

DEZE AFFIRMATIES VANUIT DE ZIEL

De 'affirmatie-zaadjes' in dit boek zijn doortrokken van inspiratie vanuit de ziel. Zaai ze in de aarde van bovenbewuste vrede en geef ze water met geloof en concentratie. Hiermee creëer je innerlijke, moverende vibraties die de zaadjes helpen ontkiemen.

Vanaf het planten van het affirmatie-zaadje tot aan het oogsten van de uiteindelijke vrucht zijn veel processen in werking. Er moet aan alle voorwaarden voor de groei zijn voldaan om het gewenste resultaat te krijgen. Het zaadje van de affirmatie moet levend zijn, vrij van gebreken zoals twijfel, rusteloosheid of onoplettendheid; het moet met concentratie, devotie en vrede worden gezaaid in geest en hart en besprenkeld met aandachtige, steeds nieuwe herhalingen en grenzeloos geloof.

Vermijd te allen tijde mechanische herhaling. Dit wordt ook bedoeld in de Bijbelse opdracht: "Gij zult de naam van de Heer, uw God, niet ijdel gebruiken." [1] Herhaal affirmaties gedecideerd, krachtig en oprecht

[1] Exodus 20:7.

totdat er zo'n kracht ontstaat dat één commando, één sterke impuls van binnenuit, voldoende is om de cellen van je lichaam te veranderen en je ziel aan te zetten tot het verrichten van wonderen.

DE OPEENVOLGENDE STADIA IN RECITATIE

Nogmaals: affirmaties worden met de juiste intonatie ingezet op luide toon, gaan over in een steeds zachtere toon totdat uiteindelijk alleen een fluistering overblijft; en bovenal met aandacht en devotie. Zij die geloven zullen door deze affirmaties worden genezen.

De vijf stadia van de recitatie zijn: bewust en hardop reciteren, fluisterend reciteren, mentaal reciteren, onderbewust reciteren en bovenbewust reciteren.

AUM OF AMEN, DE KOSMISCHE KLANK

In het onderbewustzijn wordt de recitatie ononderbroken en automatisch. Recitatie in het bovenbewustzijn ontstaat als de diepe innerlijke vibraties van de recitatie worden omgezet in verwerkelijking en zich vestigen in de bewuste, onderbewuste en bovenbewuste geest. De aandacht ononderbroken gericht houden op de ware Kosmische Vibratie (*Aum of Amen*) – dus niet op een denkbeeldige klank – is bovenbewuste recitatie.

Als je van de ene recitatie-fase naar de andere gaat, verander je ook je mentale houding; deze moet dieper en geconcentreerder worden. Het doel is om degene die reciteert, de recitatie en het proces van reciteren tot één te laten samensmelten. Breng je geest in de diepste bewuste toestand – geen bewusteloos zijn of verstrooidheid of slaap, maar een toestand van zo'n totale concentratie dat alle gedachten verzinken in en opgaan in die ene centrale gedachte, zoals deeltjes worden aangetrokken door een onweerstaanbare magneet.

DRIE FYSIOLOGISCHE CENTRA

Bij wilsaffirmaties moet de aandacht gericht zijn op de plek tussen de wenkbrauwen; bij gedachten-affirmaties op de medulla oblongata[2] en bij devotie-affirmaties op het hart. In relevante situaties wordt de aandacht automatisch naar een van deze fysiologische gebieden getrokken.

Bijvoorbeeld, als je emotioneel bent, voel je het hartcentrum en geen enkel ander lichaamsdeel. Door het beoefenen van affirmaties verwerf je het vermogen om je aandacht bewust op die levensbronnen van wil, gedachten en gevoel te richten. Een absoluut, onvoorwaardelijk vertrouwen in God is de beste methode om een onmiddellijke genezing tot stand te brengen. Een onophoudelijke inspanning om dat vertrouwen op te wekken is de hoogste en meest lonende taak van de mens.

[2] De medulla en de plek tussen de wenkbrauwen zijn in feite respectievelijk de positieve en negatieve polen van het ene centrum van intelligente levenskracht. Paramahansaji instrueerde zijn volgelingen de ene keer om zich op het punt tussen de wenkbrauwen te concentreren en de andere keer op de medulla, maar beide punten zijn twee polen van hetzelfde. Wanneer de blik van de ogen rustig en met concentratie wordt gericht op het punt tussen de wenkbrauwen, dan gaat de energiestroom van de ogen eerst naar dat punt in het voorhoofd en van daar naar de medulla. Dan verschijnt het ene astrale oog van licht in het voorhoofd, dat een weerspiegeling is van de medulla.

6
WETENSCHAPPELIJKE GENEZINGSAFFIRMATIES

〜

BIJ HET GEBRUIK van de affirmaties uit dit boek kan een individuele leerling of de leider van een groep de hele affirmatie ononderbroken voorlezen of naar keuze een of meerdere regels afzonderlijk herhalen.

AFFIRMATIES VOOR ALGEMENE GENEZING

Op elk altaar van gevoel,
Gedachten en wil,
Daar bent U aanwezig,

Daar bent U aanwezig.

U bent al het voelen, willen en denken.

U leidt hen;

Mogen zij volgen, mogen zij volgen,

Mogen zij zijn zoals U.

In de tempel van bewustzijn

Daar was licht – Uw licht.

Ik zag het niet; nu zie ik het.

De tempel is licht, de tempel is gezond.

Ik sliep en droomde van haar ondergang

Door angst, zorgen en onwetendheid.

U hebt mij gewekt uit de droom,

U hebt mij gewekt uit de droom.

Uw tempel is gezond,

Uw tempel is gezond.

Ik wil U aanbidden,

Ik wil U aanbidden.

In mijn hart, in de sterren,

In de cel in mijn lichaam bemin ik U.

In het elektron speel ik met U.

Ik wil U aanbidden

In lichaam, sterren, sterrenstof en sterrennevels.
U bent overal; overal
Aanbid ik U.

Uw hemelse wil
Schijnt in mijn menselijke wil.
Schijnt in mijn menselijke wil.
In mij, in mij, in mij, in mij.
Ik zal wensen, ik zal willen,
Ik zal werken, ik zal leren,
Niet geleid door ego, maar door U,
Alleen door U, alleen door U.
Ik zal werken, krachtig willen;
Maar versterk mijn wil
Met Uw eigen wil, met Uw eigen wil.

Maak ons als kleine kinderen, oh Vader,
Zoals in Uw koninkrijk.
Uw liefde in ons is volmaakt.
Zoals U gezond bent, zijn ook wij gezond.
In lichaam en geest zijn we gezond,
Net zoals U, net zoals U.
U bent volmaakt.
Wij zijn Uw kinderen.

U bent overal;

Waar U ook bent, daar is het volmaakt.

U bent aanwezig in het wonder van elke cel,

U bent in alle cellen van mijn lichaam.

Ze zijn gezond; ze zijn volmaakt.

Ze zijn gezond; ze zijn volmaakt.

Laat me ervaren dat U aanwezig bent

In alle cellen, in alle cellen;

Laat me voelen dat U aanwezig bent

In elke cel, in alle cellen.

Leven van mijn leven, U bent gezond.

U bent overal;

In mijn hart, in mijn hersenen,

In mijn ogen, in mijn gezicht,

In mijn ledematen en overal.

U bent het die mijn voeten beweegt;

Ze zijn gezond, ze zijn gezond.

Mijn kuiten en dijen

Zijn gezond, zijn gezond, want U bent daar
aanwezig.

Mijn dijen worden door u gestut

opdat ik niet val, opdat ik niet val.

Ze zijn gezond, want U bent daar aanwezig.
Ze zijn gezond, want U bent daar aanwezig.

U bent in mijn keel;
Slijmvliezen en buik
Glanzen door Uw aanwezigheid.
Ze zijn gezond, want U bent daar aanwezig.
In mijn ruggengraat glinstert U;
Hij is gezond, hij is gezond.
In mijn zenuwen stroomt U;
Ze zijn gezond, ze zijn gezond.
In mijn aderen en slagaderen
Zweeft U, zweeft U.
Ze zijn gezond, ze zijn gezond.
U bent het vuur in mijn maag;
U bent het vuur in mijn ingewanden;
Ze zijn gezond, ze zijn gezond.

Zoals U bij mij hoort
Zo hoor ik bij U.
U bent volmaakt;
U bent mij, U bent mij.
U bent mijn hersenen;
Ze glanzen, ze zijn gezond,

Ze zijn gezond, ze zijn gezond, ze zijn gezond.

Laat mijn gedachtekracht de vrije loop;
Laat mijn gedachtekracht de vrije loop.
Ik ben ziek als ik dat denk;
Ik ben gezond als ik dat denk;
Elk uur, iedere dag
In lichaam en in geest
Ben ik gezond, het gaat me goed
Ben ik gezond, het gaat me goed.

Ik droomde een droom dat ik ziek was;
Ik ontwaakte en lachte,
Mijn gezicht nog betraand,
Geen tranen van verdriet, maar van vreugde;
Mijn ziekte bleek slechts een droom;
Want ik ben gezond, ik ben gezond.

Laat mij opgaan in Uw liefde,
Laat mij opgaan in Uw liefde.
U bent mijn Vader,
Ik ben Uw kind.
Gehoorzaam of ondeugend,
Ik ben Uw kind.

Raak mij aan met Uw gezondheid
Raak mij aan met de wil van Uw wijsheid.
Raak mij aan met de wil van Uw wijsheid.

KORTE AFFIRMATIES

Volmaakte Vader, Uw licht stroomt door Christus, door de heiligen van alle godsdiensten, door de meesters uit India en door mij. Dit goddelijke licht is aanwezig in al mijn lichaamsdelen. Ik ben gezond.

Oh Bewuste Kosmische Energie, Uw leven is mijn leven. Vast, vloeibaar en gasvormig voedsel wordt door U omgezet naar spiritualiteit en energie om mijn lichaam te onderhouden.

Ik word vernieuwd en versterkt door Uw levengevende energie.

De genezende kracht van de Geest stroomt door alle cellen van mijn lichaam. Ik ben gemaakt uit die ene universele Goddelijke substantie.

Vader, U bent in mij; ik ben gezond.

Uw kracht stroomt door mij. Mijn maag is gezond want Uw genezende licht is daarin aanwezig.

Ik besef dat mijn ziekte het gevolg is van het overtreden van gezondheidsregels. Ik zal dat kwaad ongedaan maken door gezonde voeding, lichaamsbeweging en door mijn verstand te gebruiken.

Hemelse Vader, U bent aanwezig in elk atoom, elke cel, elk bloedlichaampje, elk deeltje van mijn zenuwen, hersenen en weefsels. Ik ben gezond want U bent aanwezig in al mijn lichaamsdelen.

Gods volmaakte gezondheid dringt door tot in de donkere nissen van mijn lichamelijke ziekte. In al mijn cellen schijnt Zijn genezende licht. Al mijn cellen zijn volkomen gezond want Zijn volmaaktheid is erin aanwezig.

AFFIRMATIES DOOR MIDDEL VAN GEDACHTEKRACHT

Concentreer je gedachten op het voorhoofd en herhaal het volgende:

Ik denk dat mijn leven stroomt,
Ik weet dat mijn leven stroomt,
Stroomt van mijn hersenen naar mijn hele
    lichaam.

Strepen licht schieten
Door mijn weefsels heen.
De stroom van leven in de wervels
Snelt schuimend en vernevelend door de
    ruggengraat;
De tere cellen laven zich
aan deze levensstroom;
De tere cellen laven zich
aan deze levensstroom.

KORTE AFFIRMATIES

Hemelse Vader, ik behoor U voor altijd toe. In alles wat goed is aanbid ik Uw aanwezigheid. Door het venster van alle zuivere gedachten aanschouw ik Uw goedheid.

Oh Vader, Uw oneindige en alles-genezende kracht is in mij. Doordring de duisternis van mijn onwetendheid met Uw licht. Overal waar dit genezende licht aanwezig is, daar is het volmaakt. Daardoor ben ook ik volmaakt.

Hemelse Vader, U bent al het gevoel, alle wil en alle gedachten. Leid mijn gevoel, wil en gedachten opdat zij U volgen, laat ze zijn zoals U bent.

Mijn dromen over volmaaktheid zijn de bruggen die mij voeren naar het rijk van zuivere ideeën.

Ik zal elke dag het geluk steeds meer in mijzelf zoeken en steeds minder in materiële genoegens.

God is de herder van mijn rusteloze gedachten. Hij leidt naar Zijn woonplaats van vrede.

Ik zal mijn geest zuiveren met de gedachte dat God iedere handeling van mij leidt.

HET VERSTAND ALS LEIDRAAD

Volg onderstaande suggesties op om het logisch redeneren en het denkvermogen te verbeteren.

1. Lees goede boeken en denk zorgvuldig na over hun betekenis.

2. Als je één uur leest, schrijf dan twee uur en denk drie uur na. Met deze verhouding ontwikkel je het verstand.

3. Houd je geest bezig met inspirerende ideeën. Verspil geen tijd aan negatieve gedachten.

4. Kom door goed nadenken tot de beste invulling van je leven.

5. Versterk het denkvermogen door bestudering van de wetten van de geest, die in hoofdlijnen worden aangegeven in de leer van Self-Realization Fellowship.

6. Spreek de affirmaties van dit boek vanuit de kracht van de ziel uit om je mentale vermogens te ontwikkelen. Psychologen uit zowel de oudheid als uit de moderne tijd geven aan dat de aangeboren intelligentie van de mens zich nog eindeloos kan uitbreiden.

7. Houd je aan fysieke, sociale en morele wetten. Door te geloven dat ze onder gezag staan van een hogere geestelijke wet zul je uiteindelijk uitstijgen boven alle lagere wetten en geheel geleid worden door de geestelijke wet.

AFFIRMATIES DOOR MIDDEL VAN WILSKRACHT

Concentreer je wilskracht tegelijkertijd op de

medulla oblongata en op het punt tussen de wenkbrauwen en herhaal – eerst hardop en geleidelijk zachter totdat je gaat fluisteren:

> Ik wil dat de levenskracht zich gaat opladen –
> Met de wil van God wil ik dat ze zich gaat
>   opladen –
> Via mijn zenuwen en spieren,
> Mijn weefsels, ledematen en alles,
> Met sterk prikkelende warmte,
> Met vlammende, heldere kracht.
> In bloed en klieren,
> Met soeverein bevel
> Gebied ik je te stromen.
> Met mijn bevel
> Gebied ik je te gloeien.
> Met mijn bevel
> Gebied ik je te gloeien.

AFFIRMATIES VOOR WIJSHEID

Concentreer je op het gebied onder het schedel-
dak en voel dat de hersenen zich daar bevinden.

In de vertrekken van wijsheid

Gaat u rond.

U bent de rede in mij.

Oh, U gaat daar rond en wekt

Iedere kleine hersencel

Om te ontvangen, om te ontvangen

Het goede dat mijn geest en zintuigen
     aanbieden,

De kennis die U, die U mij geeft.

Ik zal denken, ik zal redeneren;

Ik val u niet lastig met de vraag

Om voor mij te denken;

Maar leid mij als mijn denken dwaalt;

Leid het naar het juiste doel.

Oh Hemelse Vader, Oh Kosmische Moeder,

Oh Mijn Meester, Oh mijn Goddelijke Vriend,

Alleen ben ik gekomen, alleen zal ik weer gaan;

Met U alleen, met U alleen,

Met U alleen, met U alleen,

Oh, U hebt een woning voor mij gemaakt

Van levende cellen, een woning voor mij.

Dit huis van mij is een huis van U;
Uw leven heeft dit huis gemaakt;
Uw kracht heeft dit huis gemaakt.
Uw huis is volmaakt, Uw huis is volmaakt.

Ik ben Uw kind, U bent mijn Vader;
Samen bewonen wij hetzelfde huis.
Samen bewonen wij hetzelfde huis.
In dit heiligdom van cellen,
In dit heiligdom van cellen
Bent U altijd aanwezig,
Als kloppend hart,
U, mijn kloppend hart.

Ik ben weggelopen, ik ben weggelopen;
Om te spelen met duisternis, te spelen met
    dwaling;
Ben weggelopen als een spijbelend kind.
Ik kwam thuis gehuld in een donkere schaduw,
Ik kwam thuis besmeurd door materie.
U bent nabij; ik kan het niet zien,
Ik ben blind, Uw licht is aanwezig.
Het is mijn schuld dat ik niet kan zien.
Het is mijn schuld dat ik niet kan zien.
Achter de grens van de duisternis

Schijnt Uw licht;
Schijnt Uw licht.

Samen, licht en schaduw
Gaan niet samen, gaan niet samen.
Samen, wijsheid, onwetendheid,
Gaan niet samen, gaan niet samen.
Laat de duisternis verdwijnen, verdwijnen,
Die duisternis weg uit mij.

De cellen van mijn lichaam zijn gemaakt uit
    licht,
De cellen van mijn vlees zijn gemaakt uit U.
Ze zijn volmaakt, want U bent volmaakt;
Ze zijn gezond, want U bent Gezondheid;
Ze zijn Geest, want U bent Geest;
Ze zijn onsterfelijk, want U bent het Leven.

KORTE AFFIRMATIES

Hemelse Vader, Uw kosmische leven en ik zijn
één. U bent de oceaan, ik ben de golf; wij zijn één.

Ik eis mijn goddelijk geboorterecht op, want ik

besef intuïtief dat alle wijsheid en kracht al in mijn ziel aanwezig zijn.

God bevindt zich net achter mijn denken, vandaag en iedere dag. Hij leidt mij naar de juiste handeling.

God is het Zelf in de mens en is het enige Leven in het gehele universum.

Ik ben ondergedompeld in het eeuwige licht. Het doordringt elke deeltje van mijn wezen. Ik leef in dat licht. De Goddelijke Geest vervult me van binnen en van buiten.

God is binnen in me en om me heen. Hij beschermt me. Daarom zal ik angst, die Zijn begeleidend licht blokkeert, uitbannen.

Vandaag leef ik totaal vredig en evenwichtig omdat ik al mijn kracht en vermogen richt op leven naar de goddelijke wil.

DE ONDERBEWUSTE, BEWUSTE EN BOVENBEWUSTE WETTEN VOOR MATERIEEL SUCCES

Succes wordt bereikt door het navolgen van

goddelijke en aardse wetten. Streef zowel materieel als geestelijk succes na. Als is voorzien in de elementaire levensbehoeften is er sprake van materieel succes.

De ambitie om geld te verdienen moet samengaan met de wens om anderen te helpen. Probeer zoveel mogelijk geld te verkrijgen door op de een of andere manier je woonplaats of land of de wereld te verbeteren, maar zoek nooit financieel gewin door tegen hun belangen in te handelen.

Er zijn onderbewuste, bewuste en bovenbewuste wetten voor materieel succes en voor het overwinnen van faalangst.

De onderbewuste wet voor succes bestaat uit het intensief en aandachtig herhalen van affirmaties voor en na het slapen. Twijfel niet; als je een rechtvaardig doel wilt bereiken zet dan elk idee over mislukken van je af. Geloof dat jij, als kind van God, toegang hebt tot alles wat Hem toebehoort.

Door zijn onwetendheid van deze wet en zijn ongeloof blijft de mens verstoken van zijn eeuwige erfdeel. Om gebruik te kunnen maken van deze hulp- bronnen van Goddelijke voorzieningen moet je de zaden van onjuiste gedachten vernietigen door aanhoudende herhaling van affirmaties die zijn doortrokken van een oneindig vertrouwen.

De bewuste wet van succes bestaat uit het intelligent plannen en handelen, terwijl je ondertussen aldoor voelt dat God je helpt met je plannen en voortdurende inspanning.

De bovenbewuste wet van succes treedt in werking door gebeden en door het geloof in Gods almacht. Blijf je bewust inspannen; vertrouw echter niet uitsluitend op je natuurlijke kwaliteiten, maar vraag Gods hulp bij alles wat je doet.

Als deze onderbewuste, bewuste en bovenbewuste methoden worden gecombineerd is succes verzekerd. Probeer het opnieuw zonder acht te slaan op de keren dat je nog geen succes had.

AFFIRMATIE VOOR MATERIEEL SUCCES

U bent mijn Vader:
Succes en vreugde.
Ik ben Uw kind:

Succes en vreugde.

Alle overvloed op deze aarde,

Alle rijkdommen van het universum

Behoren U toe, behoren U toe.

Ik ben Uw kind;

De rijkdommen van aarde en universum

Behoren mij toe, behoren mij toe,

Oh, behoren mij toe, behoren mij toe.

Ik leefde in het bewustzijn van armoede

En beeldde me in dat ik arm was,

Daarom was ik arm.

Nu ben ik thuis gekomen. Uw bewustzijn

Heeft me rijk gemaakt, heeft me rijk gemaakt.

Ik ben succesvol, ik ben rijk;

U bent mijn rijkdom,

Ik ben rijk, ik ben rijk.

U bent alles, U bent alles.

U behoort mij toe.

Ik heb alles, ik heb alles;

Ik ben welvarend, ik ben rijk.

Ik heb alles, ik heb alles;

Ik bezit het allemaal,

Evenals U, evenals U.

Ik bezit alles, ik bezit alles.

U bent mijn rijkdom,

Ik heb alles.

KORTE AFFIRMATIES

Ik weet dat Gods kracht grenzeloos is; en omdat ik naar Zijn beeld ben gemaakt, heb ook ik de kracht om alle hindernissen te overwinnen.

Ik bezit de scheppende kracht van de Geest. De Oneindige Intelligentie zal me leiden en elk probleem oplossen.

God is mijn eigen onuitputtelijke Goddelijke Bank. Ik ben altijd rijk want ik heb toegang tot de Kosmische Kluis.

Ik vervolg mijn pad met het volste vertrouwen dat de macht van het Alomtegenwoordig Goede me zal brengen wat ik nodig heb op het moment dat ik het nodig heb.

De zonneschijn van goddelijke voorspoed is nu door het donkere wolkendek heen gebroken. Ik ben

Gods kind. Wat Hij heeft, heb ik ook.

AFREKENEN MET ONWETENDHEID OVER DE ZIEL

Spiritueel succes komt voort uit het je bewust afstemmen op de Kosmische Geest en door het bewaren van kalmte en evenwicht ongeacht welke onherstelbare gebeurtenissen zich voltrekken in je leven, zoals het overlijden van een dierbare of een ander groot verlies. Treur niet wanneer je wordt gescheiden van een van je geliefden door de wet van de Natuur. In tegendeel, dank God nederig dat Hij je een tijd het voorrecht heeft gegeven voor een van Zijn kinderen te mogen zorgen, ermee bevriend te zijn en er verantwoordelijkheid voor te dragen.

Spiritueel succes komt met het begrijpen van het mysterie van het leven en door alles opgewekt en moedig te bekijken, in het besef dat alles gebeurt volgens een prachtig goddelijk plan.

De enige remedie tegen de ziekte van onwetendheid is kennis.

AFFIRMATIES VOOR SPIRITUEEL SUCCES

U bent Wijsheid,

En U kent

De oorzaak en het doel van alles

Ik ben Uw kind;

Ik wil het ware mysterie van het leven,

De ware vreugdevolle opdracht van het leven

Leren kennen.

Uw wijsheid in mij

Zal mij alles tonen

Wat U kent,

Wat U kent.

KORTE AFFIRMATIES

Hemelse Vader, mijn stem is gemaakt om Uw glorie te bezingen. Mijn hart is gemaakt om alleen Uw roep te beantwoorden. Mijn ziel is gemaakt als bedding waardoor Uw liefde ononderbroken kan stromen naar alle dorstige zielen.

De kracht van Uw liefde maakt een eind aan al mijn gedachten vol twijfel en angst opdat ik zegevierend de dood zal overstijgen en op vleugels van licht naar U kan opstijgen.

Ik ontspan me en schud elke mentale last van me af, zodat God mij tot instrument kan maken om Zijn volmaakte liefde, vrede en wijsheid tot uitdrukking te brengen.

Mijn Hemelse Vader is liefde. Ik ben naar Zijn beeld gemaakt. Ik ben het hemelgewelf van liefde waarin alle planeten, alle sterren, alle wezens en de hele schepping oplichten. Ik ben de liefde die het hele universum doordringt.

Doordat ik liefde en welwillendheid naar anderen uitstraal, open ik het kanaal waardoor Gods liefde mij kan bereiken. Goddelijke liefde is de magneet die het goede naar mij toetrekt.

Ik kan al mijn taken pas uitvoeren nadat ik het vermogen tot handelen van God heb geleend, dus mijn eerste verlangen is Hem te behagen. De eerste liefde van mijn hart, het eerste ideaal van mijn ziel, het eerste doel van mijn wil en verstand is God alleen.

AFFIRMATIE VOOR PSYCHOLOGISCH
SUCCES

Ik ben moedig, ik ben sterk.

De geur van succes

Verspreidt zich in mij, verspreidt zich in mij.

Ik ben evenwichtig, ik ben kalm,

Ik ben aardig, ik ben vriendelijk

Ik ben liefde en medeleven,

Ik ben charmant en aantrekkelijk,

Ik ben blij met alles;

Ik veeg alle tranen en angsten weg,

Ik heb geen vijanden.

Ik ben de vriend van iedereen.

Ik heb geen gewoonten,

In eten, denken, gedrag;

Ik ben vrij, ik ben vrij.

Ik beveel U, oh Aandacht,

Bij mij te komen en U te concentreren

Op de dingen die ik doe, op het werk dat ik doe.

Ik kan alles

Als ik dat denk, als ik dat denk.

In kerk of tempel, klaar voor gebed

Werken mijn dwalende gedachten mij tegen,

En beletten mijn geest U te bereiken.

Leer me om weer bezit te nemen, bezit te
  nemen,

Van mijn materiegerichte geest en brein,

Zodat ik ze kan wijden aan U

In gebed en in het opgaan naar U,

In meditatie en in het verwijlen bij U.

Ik zal U aanbidden

In meditatie en afzondering.

In bezigheden zal ik Uw energie

Door mijn handen voelen stromen.

In nietsdoen verlies ik U,

In doen vind ik U.

GECOMBINEERDE METHODEN

Hoewel mentale geneesmethoden onmiskenbaar superieur zijn aan materiële, zijn er enkele lichamelijke oefeningen in dit boek opgenomen voor degenen die beide methoden willen combineren.

VERBETERING VAN HET GEZICHTSVERMOGEN

Sluit de ogen en concentreer je op de medulla oblongata; voel vervolgens het vermogen om te zien via de oogzenuw in het netvlies stromen. Als je dan een minuut lang op het netvlies hebt geconcentreerd, open en sluit je de ogen een paar keer. Draai de oogbollen naar boven en daarna naar beneden; vervolgens naar links en daarna naar rechts. Beweeg ze dan van links naar rechts en van rechts naar links. Richt je blik op het punt tussen de wenkbrauwen en visualiseer de stroom van levensenergie die van de medulla oblongata naar de ogen gaat en die de ogen verandert in twee schijnwerpers. Deze oefening is fysiek en mentaal heilzaam.

AFFIRMATIE VOOR DE OGEN

Ik beveel je,
Oh blauwe stralen,
Glijd door mijn oogzenuwen heen
En laat me echt zien, en laat me echt zien

Dat Zijn licht daar aanwezig is,

Dat Zijn licht daar aanwezig is.

Door mijn ogen

Kijkt hij ongezien naar buiten,

Kijkt Hij ongezien naar buiten;

Ze zijn gezond, ze zijn volmaakt.

Eén[1] boven en twee eronder;

Drie ogen, drie ogen.

Wat een licht vloeit ongezien door jullie heen,

Wat een licht vloeit ongezien door jullie heen!

Lotus ogen, ween niet meer,

Ween niet meer.

De stormen zullen je bladeren niet meer treffen.

Kom snel en glijd als zwanen,

In de zorgeloze waterstromen van zaligheid,

In het kalme meer van vrede,

In het uur van wijsheids dageraad.

Oh Uw licht

Schijnt door mijn licht,

Door verleden, heden en toekomst heen.

---

[1] Het 'enkele' of geestelijke oog in het voorhoofd tussen de twee wenkbrauwen. Zie de voetnoot op bladzijde 54.

Ik beveel jullie,

Mijn ogenpaar,

Wees één en enkelvoudig,

Wees één en enkelvoudig.

Zie alles en ken alles

Laat mijn lichaam schitteren

Laat mijn geest schitteren

Laat mijn ziel schitteren.

OEFENING VOOR DE MAAG

Ga tegenover een stoel staan, buig naar voren en pak de zitting vast ter ondersteuning. Adem volledig uit. Terwijl de adem uit de longen is trek je de maag in - zo ver mogelijk naar de ruggengraat toe. Adem vervolgens in terwijl je de maag zover mogelijk naar buiten duwt. Herhaal dit twaalf keer. Yogi's beweren dat deze oefening het functioneren van het spijsverteringskanaal (de peristaltische beweging van de ingewanden en de uitscheiding van de spijsverteringsklieren) verbetert en daardoor maagaandoeningen helpt wegnemen.

OEFENING VOOR HET GEBIT

Klem met gesloten ogen de boven- en ondertanden en kiezen in de linker kaak stevig op elkaar. Ontspan en klem vervolgens de tanden en kiezen aan de rechterkant op elkaar. Ontspan, klem daarna de voortanden op elkaar. Tot slot klem je alle boven- en ondertanden tegelijk op elkaar, en ontspan.

Houd elke positie een of twee minuten vast en concentreer daarbij op het gevoel van 'op elkaar geklemde tanden', terwijl je visualiseert hoe de levensenergie de wortels van tanden en kiezen activeert en aandoeningen daaruit verwijdert.

HET PARADIJS IN JEZELF

Het lichaam is een tuin met daarin de betoverende bomen van de zinnen – zien, horen, proeven, ruiken en voelen. God of de Goddelijkheid in de mens waarschuwt hem tegen onmatigheid bij het gebruik van iedere vrucht van de zintuigen en vooral tegen het verkeerde gebruik van de appel van de seksuele kracht, die zich in het midden van de tuin van het lichaam bevindt.

De slang van verderfelijke nieuwsgierigheid en de Eva, oftewel de emotionele vrouwelijke aard die in alle menselijke wezens aanwezig is, verleiden de mens om Gods gebod te overtreden. Daardoor verliezen ze de vreugde van zelfbeheersing en worden uit het Eden van zuiverheid en goddelijke zaligheid verdreven. De seksuele ervaring brengt de zonde - oftewel het bewustzijn van 'vijgenblad'- schaamte met zich mee.

Getrouwde stellen die kinderen willen, doen er goed aan tijdens het hebben van gemeenschap hun aandacht te beperken tot het scheppende doel ervan. Veel leed kan worden voorkomen door geen omgang met iemand te zoeken omwille van de seksualiteit zelf.

METHODEN VOOR SEKSUELE BEHEERSING

Voordat je 's avonds naar bed gaat, veeg je met een koude, natte handdoek over alle lichaamsopeningen, de handen, voeten, oksels, navel en de nek boven de medulla oblongata. Doe dit regelmatig.

Bij lichamelijke opwinding adem je zes tot vijftien keer diep in en lang uit. Zoek dan vlug het gezelschap op van mensen waarvoor je respect hebt; mensen met zelfbeheersing.

AFFIRMATIES VOOR ZUIVERHEID

Door meeldraad en stamper
Schept U de zuivere bloem.
In de zuiverheid van mijn beide ouders
Schiep U mijn lichaam.
Zoals U de Schepper bent
Van alle goede dingen,
Zo zijn ook wij.
Leer ons te scheppen
In verhevenheid, in heiligheid,
Nobele ideeën en nobele kinderen.

U bent geslachtloos.
Wij zijn geslachtloos, wij zijn geslachtloos.
U schiep ons in zuiverheid.

Leer ons te scheppen in verhevenheid

Nobele ideeën of kinderen
Gevormd naar Uw beeld.

SLECHTE GEWOONTEN AFLEREN

Goede gewoonten zijn je beste vrienden; bewaak ze door voortdurend juist te handelen.

Slechte gewoonten zijn je ergste vijanden; ze dwingen je tegen je wil tot schadelijke handelingen. Ze zijn nadelig voor je fysieke, sociale, morele, mentale en geestelijke leven. Honger verkeerde gewoonten uit door ze de voeding van verdere slechte daden te onthouden.

Ware vrijheid vind je in daden die in overeenstemming zijn met een juist oordeel en een vrije keus. Eet, bij voorbeeld, voedsel waarvan je weet dat het goed voor je is en eet niet iets omdat je er nu eenmaal aan gewend bent.

Het kost tijd voor zowel goede als slechte gewoonten om krachtig te worden. Lang volgehouden slechte gewoonten kunnen worden vervangen door goede die je geduldig moet kweken.

Sluit slechte gewoonten buiten door ze te vervangen door goede gewoonten op elk vlak van je bestaan. Versterk het besef dat je als kind van God vrij bent van iedere innerlijke dwang.

AFFIRMATIES VOOR VRIJHEID

U bent in de wet.
U bent boven alle wetten,
U bent boven alle wetten.
Net zoals U boven alle wetten bent
Ben ik boven alle wetten.

Oh, jullie, dappere soldaten van goede gewoonten
Verjaag de donkere, donkere gewoonten
Verjaag de donkere, donkere gewoonten.
Ik ben vrij, ik ben vrij.
Ik heb geen gewoonten, ik heb geen gewoonten.
Ik zal doen wat goed is, ik zal doen wat goed is,
Niet op commando van de macht der gewoonten.
Ik ben vrij, ik ben vrij;
Ik heb geen gewoonten, ik heb geen gewoonten.

KORTE AFFIRMATIES

Hemelse Vader, versterk mijn voornemen om af te rekenen met verkeerde gewoonten, die slechte vibraties aantrekken en om goede gewoonten te ontwikkelen, die goede vibraties aantrekken.

Het eeuwige leven van God stroomt door me heen. Ik ben onsterfelijk. Achter de golf van mijn geest is de oceaan van Kosmisch Bewustzijn.

Goddelijke Vader, waar U mij hebt geplaatst, daar kunt U niet ontbreken.

Er bestaat geen film van het leven met slechts één speler of één gebeurtenis. Mijn rol op het toneel is belangrijk, want zonder mij zou het kosmische toneelstuk niet compleet zijn.

GEBEDEN TOT GOD, DE VADER

Gebeden zijn niet bedoeld om te bedelen om vergankelijke gunsten, maar om de mens in staat te stellen zijn goddelijke schat weer op te eisen die hij, in zijn onwetendheid, dacht te hebben verloren. De volgende gebeden zullen helpen je te richten op God - de Bron van al het goede en de Kracht in alle affirmaties.

Uw onuitwisbare beeld van volmaaktheid draag ik in mij; leer me daarom om de onzuiverheden van onwetendheid die aan de oppervlakte kleven te verwijderen en te zien dat U en ik één zijn.

Oh, Heilige Geest, leer me mijn lichaam te genezen door het op te laden met Uw kosmische energie, mijn geest te genezen door concentratie en opgewektheid, en mijn ziel door intuïtie, die opbloeit uit meditatie.

Hemelse Vader, leer me om aan U te denken in armoede of rijkdom, in ziekte of gezondheid, in onwetendheid of wijsheid. Moge ik mijn gesloten ogen van ongeloof openen en Uw onmiddellijk genezende licht aanschouwen.

Goddelijke Herder, red mijn gedachten, die als lammetjes verdwaald zijn in de wildernis van rusteloosheid en leid ze naar Uw gewijde, vreedzame kudde.

Geliefde God, moge ik beseffen dat Uw onzichtbare, alles-beschermende mantel altijd om me heen is, in vreugde en in verdriet, in leven en in de dood.

OVER DE AUTEUR

Paramahansa Yogananda (1893-1952) wordt wijd en zijd beschouwd als een van de meest vooraanstaande spirituele leiders van onze tijd. Hij werd geboren in Noord-India en kwam in 1920 naar de Verenigde Staten. Ruim dertig jaar onderwees hij de oude, Indiase wetenschap van meditatie en de kunst van een evenwichtig geestelijk leven. Door zijn veelgeprezen levensverhaal *Autobiografie van een yogi* en zijn talrijke andere boeken heeft hij miljoenen lezers kennis laten maken met de tijdloze waarheden die ten grondslag liggen aan de religieuze tradities van Oost en West.

In 1920 stichtte Paramahansa Yogananda Self-Realization Fellowship (in India bekend als Yogoda Satsanga Society) om de leer, die hij naar het westen had gebracht beschikbaar te stellen. De doelen en idealen die hij voor ogen had voor zijn genootschap zijn onder andere: het verspreiden van wetenschappelijke technieken om een directe, persoonlijke

ervaring van God te bereiken, het tonen van de basisprincipes van de waarheid die het gemeenschap-
pelijke fundament zijn van alle ware godsdiensten
en daarmee het bevorderen van een geest van grotere
eensgezindheid onder de diverse volken en naties
van de wereld.

Door zijn praktische, 'hoe-te-leven' leerstellin-
gen probeerde Paramahansa Yogananda mensen van
alle rassen en religieuze stromingen de middelen
aan te reiken om zich te bevrijden van lichamelijke,
mentale en geestelijke onbalans in hun bestaan. En
tevens om de schoonheid, het edele en de ware goddelijkheid van de menselijke geest tot werkelijkheid
te maken en die in hun leven tot uitdrukking te
brengen. Zijn werk, dat intussen over de hele wereld
is verspreid, wordt nu voortgezet onder leiding van
een van zijn naaste volgelingen, Sri Mrinalini Mata,
president van Self-Realization Fellowship.

PARAMAHANSA YOGANANDA:
EEN YOGI IN LEVEN EN DOOD

Paramahansa Yogananda ging op in *mahasamadhi* (het definitieve, bewuste verlaten van het lichaam door een yogi) in Los Angeles, Californië, op 7 maart 1952, nadat hij zijn toespraak tijdens een diner dat werd gegeven ter ere van H.E. Binay R. Sen, de Ambassadeur van India, had beëindigd.

Deze grote wereldleraar leverde het bewijs van de waarde van yoga (wetenschappelijke technieken om Goddelijke realisatie te bereiken) niet alleen in het leven maar ook in de dood. Weken na zijn verscheiden straalde zijn onveranderde gezicht met een goddelijke glans en ontbrak ieder spoor van bederf.

Dhr. Harry T. Rowe, de directeur van het Mortuarium in Los Angeles, Forest Lawn Memorial Park (waar het lichaam van de grote meester tijdelijk een plaats heeft), stuurde Self-Realization Fellowship een notarieel bekrachtigde brief, waaruit de volgende passages zijn overgenomen:

Het ontbreken van enig zichtbaar spoor van bederf in het dode lichaam van Paramahansa Yogananda is hoogst uitzonderlijk binnen onze ervaring ... Zelfs twintig dagen na zijn dood was er geen fysieke ontbinding van zijn lichaam zichtbaar ... Er was geen aanwijzing voor schimmel op zijn huid en er vond geen zichtbare dessicatie (uitdroging) plaats in het lichamelijk weefsel. Deze staat van perfecte conservering van een lichaam is, voor zover we weten uit de jaaroverzichten van het mortuarium, nog nooit eerder voorgekomen ... Toen het lichaam van Yogananda in ontvangst werd genomen, verwachtten de medewerkers van het mortuarium door het glazen deksel van de kist, de normale, voortschrijdende tekenen van lichamelijk bederf waar te nemen. Onze verbazing steeg toen dag na dag geen enkele zichtbare verandering in het lichaam was waar te nemen. Yogananda's lichaam was blijkbaar in een wonderbaarlijke staat van onveranderlijkheid ... Op geen enkel moment gaf het lichaam een geur van bederf af ... Het fysieke uiterlijk van Yogananda was op 27 maart, net voor het bronzen deksel op de kist werd geplaatst, hetzelfde als op 7 maart. Hij zag er op 27 maart even fris en onaangetast door bederf uit als op de avond van zijn dood. Op 27 maart was er geen reden om te stellen dat zijn lichaam ook maar enig zichtbaar fysiek verval had ondergaan. Om deze redenen verklaren wij opnieuw dat in onze ervaring de casus van Paramahansa Yogananda uniek is.

GEBEDEN OM GODDELIJKE GENEZING

'Oh Vader, Ik wil onbeperkte voorspoed, gezondheid and wijsheid, niet uit aardse bronnen maar uit Uw alles bezittende, almachtige, overvloedig gevende handen.'

– Paramahansa Yogananda

God leeft in elk atoom van de schepping. Als Hij zijn levengevende Aanwezigheid zou terugtrekken, zouden werelden spoorloos verdwijnen in de ether.

De mens is totaal afhankelijk van zijn Schepper. Zoals de gezondheid, het geluk en het succes dat hij naar zich toetrekt, voortkomen uit zijn leefwijze volgens door God bepaalde wetten, zo kan hij ook door gebed de hulp en de genezing die hij nodig heeft rechtstreeks van God verkrijgen.

Dagelijks bidden de kloosterlingen van de Self-Realization Fellowship Orde voor genezing van lichamelijke ziekte, mentale onevenwichtigheid en spirituele onwetendheid. Door Gods genade hebben duizenden mensen geestelijke hulp ontvangen.

U kunt via onderstaand adres of telefoonnummer vragen om gebed voor uzelf of uw dierbaren:

SELF-REALIZATION FELLOWSHIP
3880 San Rafael Avenue
Los Angeles, CA 90065-3298, USA

Tel: (323) 225-2471 • Fax: (323) 225-5088

www.yogananda-srf.org

AANVULLENDE BRONNEN OVER HET ONDERRICHT IN KRIYAYOGA DOOR PARAMAHANSA YOGANANDA:

Self-Realization Fellowship stelt zich ten doel zoekenden van over de hele wereld behulpzaam te zijn. Voor informatie betreffende onze jaarlijkse reeks openbare lezingen en lessen, meditaties, en inspirerende diensten in onze tempels en centra wereldwijd, of voor een overzicht van retraites en andere activiteiten, verwijzen we u naar onze website, of nodigen we u uit ons internationale hoofdkwartier te bezoeken:

SELF-REALIZATION FELLOWSHIP
3880 San Rafael Avenue
Los Angeles, CA 90065-3298, USA

Tel: (323) 225-2471

BOEKEN IN HET NEDERLANDS DOOR PARAMAHANSA YOGANANDA

Autobiografie van een yogi

De wet van het succes

Intuïtie:
Leiding vanuit de ziel bij beslissingen in het leven

Uitspraken van Paramahansa Yogananda

Waarom God het kwaad toelaat
en hoe je het kunt ontstijgen

BOEKEN IN HET ENGELS DOOR PARAMAHANSA YOGANANDA

Verkrijgbaar in de boekhandel of direct van de uitgever:
Self-Realization Fellowship
3880 San Rafael Avenue • Los Angeles, California 90065-3219
Tel (323) 225-2471 • Fax (323) 225-5088
www.yogananda-srf.org

Autobiography of a Yogi

The Second Coming of Christ:
The Resurrection of the Christ Within You
Een onthullend commentaar op de oorspronkelijke leer van
Jezus

God Talks with Arjuna; The Bhagavad Gita
Een nieuwe vertaling met commentaar

Man's Eternal Quest
Deel I van Paramahansa Yogananda's lezingen en informele voordrachten

The Divine Romance
Deel II van Paramahansa Yogananda's lezingen, informele voordrachten en essays

Journey to Self-realization
Deel III van Paramahansa Yogananda's lezingen en informele voordrachten

Wine of the Mystic:
The Rubaiyat of Omar Khayyam — A Spiritual Interpretation
Een geïnspireerd commentaar dat de mystieke wetenschap van de verbinding met God, zoals verborgen achter de enigmatische beeldtaal van de Rubaiyat, aan het licht brengt

Where There Is Light:
Insight and Inspiration for Meeting Life's Challenges

Whispers from Eternity
Een verzameling van Paramahansa Yogananda's gebeden en goddelijke ervaringen in de hogere meditatiefasen

The Science of Religion

The Yoga of the Bhagavad Gita:
An Introduction to India's Universal Science of God-Realization

The Yoga of Jesus:
Understanding the Hidden Teachings of the Gospels

In the Sanctuary of the Soul:
A Guide to Effective Prayer

Inner Peace:
How to Be Calmly Active and Actively Calm

To Be Victorious in Life

Why God Permits Evil and How to Rise Above It

Living Fearlessly:
Bringing Out Your Inner Soul Strength

How You Can Talk With God

Metaphysical Meditations
Meer dan 300 inspirerende overdenkingen, gebeden en
affirmaties

Scientific Healing Affirmations
Paramahansa Yogananda's diepgaande uitleg waarom en
hoe affirmaties effectief kunnen zijn

Sayings of Paramahansa Yogananda
Een verzameling van uitspraken en wijze raad gebaseerd
op Paramahansa Yogananda's eerlijke en liefdevolle
antwoorden aan wie zich tot hem wendden om
ondersteuning

Songs of the Soul
Mystieke poëzie van Paramahansa Yogananda

The Law of Success
Een uitleg van de dynamische principes hoe je je doelen
in het leven kunt bereiken

Cosmic Chants
Engelse tekst en muziek bij 60 devotionele liederen; met
een inleiding waarin uitgelegd wordt hoe chanting kan
leiden tot de ervaring van Gods nabijheid

AUDIO OPNAMEN VAN
PARAMAHANSA YOGANANDA

Beholding the One in All

The Great Light of God

Songs of My Heart

To Make Heaven on Earth

Removing All Sorrow and Suffering

Follow the Path of Christ, Krishna, and the Masters

Awake in the Cosmic Dream

Be a Smile Millionaire

One Life Versus Reincarnation

In the Glory of the Spirit

Self-Realization: The Inner and the Outer Path

ANDERE PUBLICATIES VAN
SELF-REALIZATION FELLOWSHIP

Een volledige catalogus met alle publicaties en audio opnamen van Self-Realization Fellowship is verkrijgbaar op verzoek

The Holy Science
door Swami Sri Yukteswar

Only Love:
Living the Spiritual Life in a Changing World
door Sri Daya Mata

Finding the Joy Within You:
Personal Counsel for God-Centered Living
door Sri Daya Mata

God Alone:
The Life and Letters of a Saint
door Sri Gyanamata

"Mejda":
The Family and the Early Life of Paramahansa Yogananda
door Sananda Lal Ghosh

Self-Realization
een kwartaaltijdschrift, in 1925 opgezet door
Paramahansa Yogananda

SELF-REALIZATION FELLOWSHIP LESSEN

De wetenschappelijke meditatiemethoden die door Paramahansa Yogananda onderricht werden, inclusief Kriyayoga — samen met zijn richtlijnen over alle aspecten van een uitgebalanceerd spiritueel leven — worden gegeven in de Self-Realization Fellowship Lessons. Voor verdere informatie kunt u het gratis boekje *Undreamed-of Possibilities* aanvragen. Dit is verkrijgbaar in het Engels, Spaans en Duits.

www.ingramcontent.com/pod-product-compliance
Lightning Source LLC
Chambersburg PA
CBHW032009040426
42448CB00006B/550